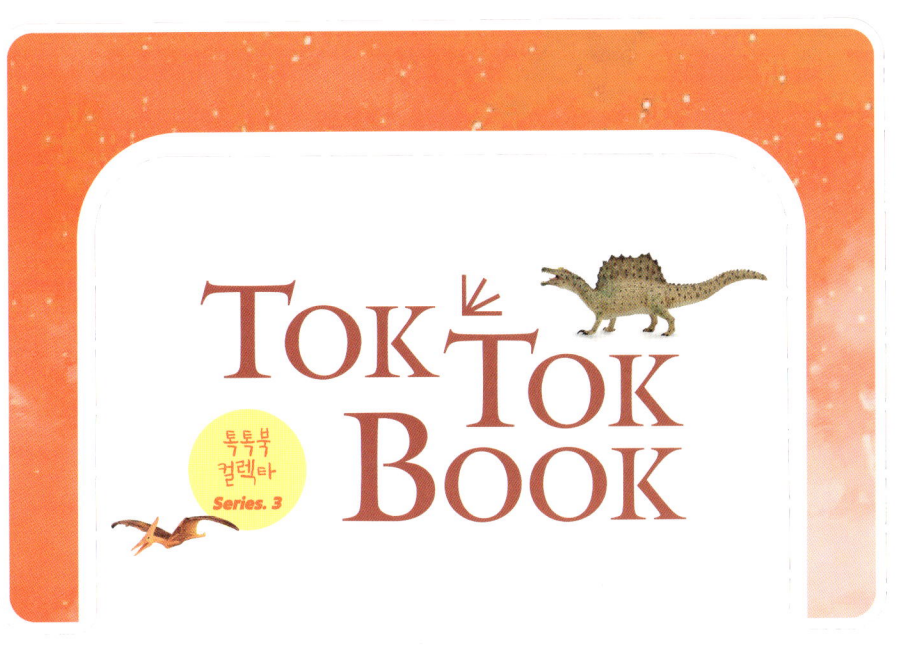

톡톡 뜯고 색칠하는 신나는 도감
피규어로 만나는 **공룡**

DINOSAUR

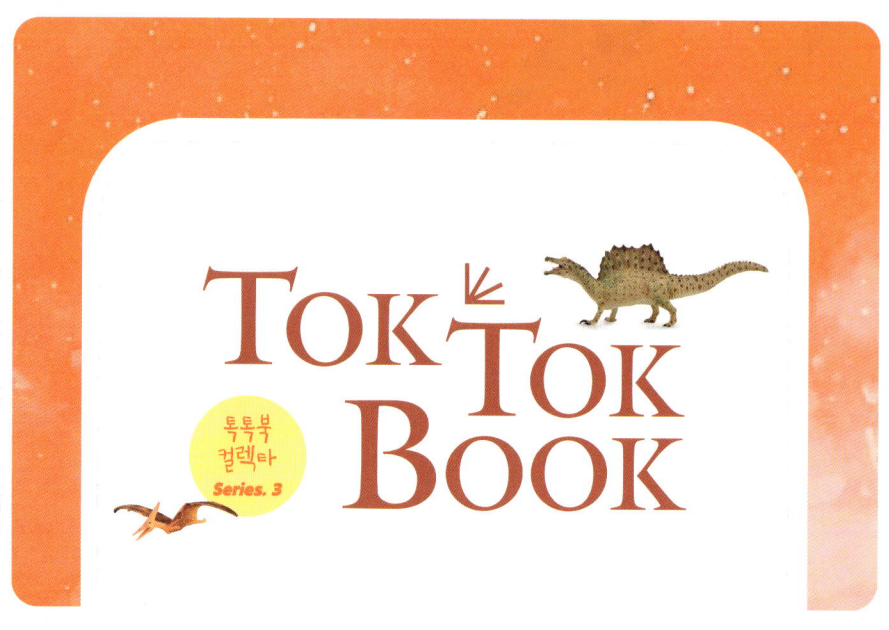

톡톡북 × 컬렉타 시리즈 3
공룡(DINOSAUR)

초판발행	2025년 9월 30일
지은이	더토이즈(컬렉타)
펴낸이	노 현
기획/편집	김보라·김민경
기획/마케팅	차익주·양운철
표지디자인	이수빈
제 작	고철민·김원표
펴낸곳	㈜피와이메이트
	서울특별시 금천구 가산디지털2로 53, 210호(가산동, 한라시그마밸리)
	등록 2014.2.12. 제2018-000080호
전 화	02)733-6771
f a x	02)736-4818
e-mail	pys@pybook.co.kr
homepage	www.pybook.co.kr
ISBN	979-11-7279-027-1 74490
	979-11-7279-025-7 74490(세트)

copyright©더토이즈(컬렉타), 2025, Printed in Korea

* 파본은 구입하신 곳에서 교환해 드립니다. 본서의 무단복제행위를 금합니다.

정 가   19,000원

박영스토리는 박영사와 함께하는 브랜드입니다.

톡톡북 즐기기

하나 톡톡! 점선을 따라 신나게 바탕을 뜯어보세요.

둘 쏙쏙! 유익한 정보를 익혀보세요.

셋 쓱쓱~ 예쁘게 색칠해보세요.

톡톡북 즐기기

짝짝!
나만의 책 완성

톡톡북 구성

> 점선대로 뜯어보세요

오디오북으로 생생하게 설명을 들어요.

스테고사우루스의 등에는 "골판"이라고 하는 삼각형의 뼈판이 쭉 솟아 있어요. 그 모습이 마치 뾰족한 갑옷을 입고 있는 것처럼 보인답니다. 이 골판은 적들을 위협하거나 체온을 조절하는 데 사용되었다고 해요. 스테고사우루스의 꼬리에는 "골침"이라고 하는 날카로운 가시도 달려 있어요. 위험한 상황에서 꼬리를 휘둘러서 다른 공룡들과 맞서 싸웠답니다.

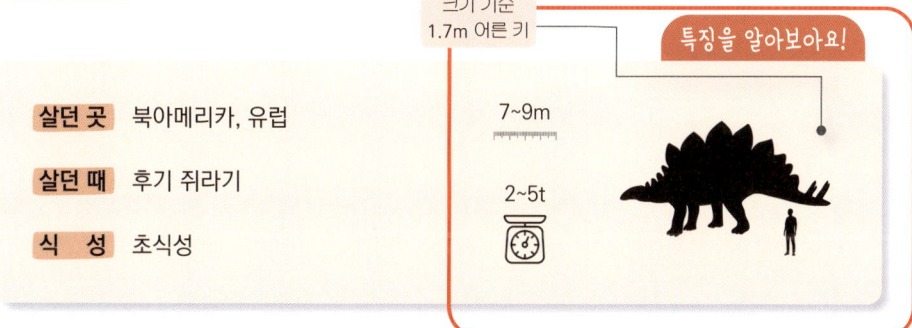

- **살던 곳**: 북아메리카, 유럽
- **살던 때**: 후기 쥐라기
- **식 성**: 초식성

크기 기준 1.7m 어른 키 / 7~9m / 2~5t

특징을 알아보아요!

톡톡북 구성

색칠해 보세요!

이 책의 순서

내가 좋아하는 공룡은 어디에 있을까?

작아요
길이 5m 이하의 공룡

01	가스토니아	11
02	미크로랍토르	13
03	벨로키랍토르	15
04	파키케팔로사우루스	17
05	프테라노돈	19

커요
길이 5~10m 정도의 공룡

06	다스플레토사우루스	21	13	알로사우루스	35
07	딜로포사우루스	23	14	이구아노돈	37
08	리오플레우로돈	25	15	케찰코아틀루스	39
09	바리오닉스	27	16	크리욜로포사우루스	41
10	바자다사우루스	29	17	테리지노사우루스	43
11	스테고사우루스	31	18	토로사우루스	45
12	안킬로사우루스	33	19	트리케라톱스	47

이 책의 순서

아주 커요
길이 10m 이상의 공룡

20	마푸사우루스	49	26	알라모사우루스	61
21	모사사우루스	51	27	엘라스모사우루스	63
22	브라키오사우루스	53	28	티라노사우루스	65
23	브론토사우루스	55	29	티라노사우루스 렉스	67
24	스피노사우루스	57	30	틸로사우루스	69
25	아르젠티노사우루스	59			

컬렉타 피규어와 함께

즐거움이 톡톡!

컬렉타

**공룡, 해양생물, 동물, 곤충 등 700종 이상을
정교하게 담아낸 브랜드**

작은 손안에서 시작되는 자연과의 특별한 만남.
컬렉타 피규어로 상상력을 키워보세요.

가스토니아
가시 갑옷을 입은 작지만 용맹한 공룡

작아요

가스토니아의 목과 어깨에는 뾰족한 가시가 많고, 강한 등은 마치 갑옷을 입은 것처럼 보여요. 다른 공룡들보다는 몸집이 작은 편이지만 단단한 몸을 가져서 스스로를 지킬 수 있었답니다. 가스토니아는 짧고 튼튼한 네 개의 다리로 느릿느릿 걸어 다니며 풀이나 나뭇잎을 먹고 살았어요.

특징을 알아보아요!

살던 곳	북아메리카
살던 때	전기 백악기
식 성	초식성

3~5m
1.5~3.7t

작아요

 # Gastonia
가시 갑옷을 입은 작지만 용맹한 공룡

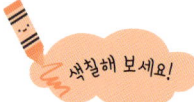

미크로랍토르
네 개의 날개로 바람을 타고 다니는 공룡

미크로랍토르는 앞다리와 뒷다리에 날개처럼 멋진 깃털을 가진 공룡입니다. 네 개의 날개를 펼치면 네모난 연처럼 바람을 타고 하늘을 날 수 있었어요. 몸집이 작고, 발에는 갈고리 같은 발톱이 있어서 높은 나무 위도 쉽게 올라갈 수 있었답니다. 미크로랍토르라는 이름은 "작은 도둑"이라는 뜻이에요. 나무 위에서 먹잇감을 찾고, 위험할 때는 재빠르게 도망 다닐 수도 있어서 이런 이름이 붙여졌답니다.

특징을 알아보아요!

살던 곳	아시아(중국)	1m
살던 때	전기 백악기	1~5kg
식 성	육식성	

작아요

작아요

 # Microraptor
네 개의 날개로 바람을 타고 다니는 공룡

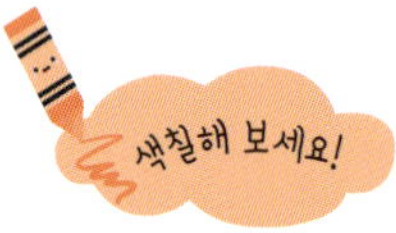

색칠해 보세요!

벨로키랍토르
날쌔고 날카로운 발톱을 가진 사냥꾼

벨로키랍토르는 작지만 빠르고 영리한 공룡이에요. 강력한 발톱과 뒷다리를 이용해 빠르게 달리면서 사냥했어요. 길고 튼튼한 턱과 날카로운 이빨로 먹이를 꽉 물고 놓지 않았고, 커다란 뒷발과 그 뒷발에 있는 "낫" 모양의 발톱은 강력한 사냥 무기가 되었답니다. 벨로키랍토르는 무리를 지어 서로 도우며 자신보다 더 큰 먹잇감을 사냥했습니다.

특징을 알아보아요!

살던 곳	아시아(몽골), 유라시아	1.5~2m
살던 때	전기 백악기	10~15kg
식 성	육식성	

작아요

작아요

 # Velociraptor
날쌔고 날카로운 발톱을 가진 사냥꾼

색칠해 보세요!

파키케팔로사우루스

머리로 쿵! 박치기 왕

파키케팔로사우루스의 이름은 "두꺼운 머리 도마뱀"이라는 뜻이에요. 이름처럼 머리가 아주 단단하고 헬멧을 쓴 것 같은 모습이랍니다. 머리 꼭대기가 아주 두껍고 단단한 뼈로 덮여 있어서 쿵! 하고 머리를 부딪치며 다른 공룡들과 싸우거나 장난쳤을 수도 있어요. 이 공룡은 날렵하고 튼튼한 다리를 가져서 두 발로 서서 빠르게 달릴 수 있었답니다.

특징을 알아보아요!

살던 곳	북아메리카
살던 때	후기 백악기
식 성	초식성

4~5m
450kg

작아요

Pachycephalosaurus
머리로 쿵! 박치기 왕

색칠해 보세요!

프테라노돈
공룡시대의 비행사

작아요

프테라노돈은 "이빨 없는 날개"라는 이름처럼 이빨이 없는 긴 부리와 커다란 날개를 가진 익룡입니다. 익룡은 하늘을 나는 공룡을 말해요. 프테라노돈은 아주 커다랗고 멋진 날개를 가지고 있었는데 날개를 펼친 길이는 기린의 키와 비슷했답니다. 물 위를 멋지게 날아다니면서 날카롭고 큰 부리로 물고기를 잡아먹었어요. 이때 머리 뒤에 있는 긴 볏은 균형을 잡는 데 도움이 되었어요.

특징을 알아보아요!

- **살던 곳** 북아메리카
- **살던 때** 후기 백악기
- **식 성** 육식성

몸 2m, 날개폭 5~6m
15kg

작아요

 # Pteranodon
공룡시대의 비행사

색칠해 보세요!

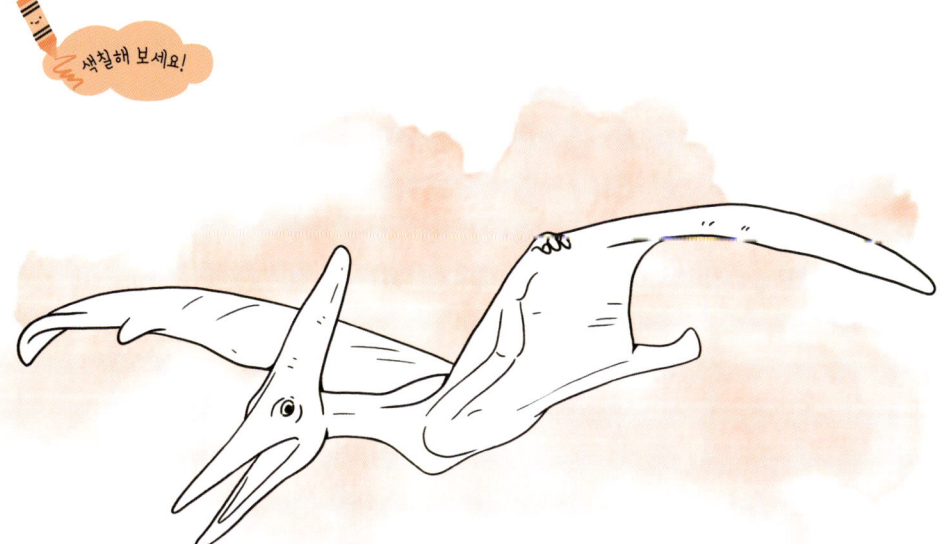

다스플레토사우루스

티라노사우루스와 닮은 최강 공룡

커요

다스플레토사우루스는 무시무시한 포식자로 알려진 육식 공룡입니다. 튼튼한 뒷다리와 강력한 턱, 날카로운 이빨을 가지고 다른 공룡들을 사냥했답니다. 그래서 "무서운 도마뱀"이란 이름을 갖게 되었어요. 티라노사우루스와 비슷하게 짧은 팔과 두 개의 손가락을 가졌고, 덩치는 티라노사우루스보다 조금 더 작았어요. 다스플레토사우루스는 백악기 시대의 모두가 무서워했던 최강 공룡이에요.

특징을 알아보아요!

살던 곳	북아메리카	8~9m
살던 때	후기 백악기	2~3t
식 성	육식성	

커요

 # Daspletosaurus
티라노사우루스와 닮은 최강 공룡

색칠해 보세요!

딜로포사우루스
1+1, 두 개의 볏을 가진 멋쟁이

딜로포사우루스는 머리에 반달 모양의 볏을 두 개나 가지고 있어요. "볏"은 공룡의 머리나 등에 튀어나온 뾰족하거나 높게 생긴 부분을 말해요. 이러한 볏은 "나는 멋진 공룡이야!"라고 보여주거나 짝을 찾기 위해서 사용됐어요. 딜로포사우루스는 빠르게 달릴 수 있는 길고 강한 뒷다리를 가졌어요. 앞발에는 날카로운 발톱이 있어서 먹이를 잘 잡을 수 있었답니다.

특징을 알아보아요!

- **살던 곳** 북아메리카
- **살던 때** 전기 쥐라기
- **식 성** 육식성

5~6m
400~500kg

커요

Dilophosaurus
1+1, 두 개의 볏을 가진 멋쟁이

색칠해 보세요!

리오플레우로돈
단단한 이빨을 자랑하는 바다의 최강자

 리오플레우로돈은 아주 오래전 바다에 살던 해양 파충류예요. 몸길이는 작은 버스만큼 길고, 큰 입과 뾰족한 이빨을 가진 모습이랍니다. 넓적한 네 개의 지느러미로 바다를 빠르게 헤엄치면서 사냥했습니다. 강력한 턱과 날카로운 이빨을 이용해서 물고기나 다른 해양생물을 닥치는 대로 잡아먹었을 거예요. 바다의 최강자 상어와 리오플레우로돈이 만났다면 누가 이겼을까요?

특징을 알아보아요!

살던 곳	유럽	6~7m
살던 때	중기 쥐라기	1~1.5t
식 성	육식성	

커요

 # Lioleurodon
단단한 이빨을 자랑하는 바다의 최강자

색칠해 보세요!

바리오닉스
갈고리 발톱을 가진 물고기 사냥꾼

바리오닉스는 앞발에 커다란 갈고리 발톱을 가진 공룡입니다. 그래서 이름도 "무거운 발톱"이라는 뜻이에요. 크고 강력한 발톱과 함께 튼튼한 뒷다리와 중심을 잡기 좋은 긴 꼬리도 가지고 있었어요. 바리오닉스는 두 발로 빠르게 달리며 숲속과 강가에서 살았는데 이 공룡이 크고 구부러진 갈고리 발톱을 휘두르면 못 잡는 물고기가 없었을 거예요.

특징을 알아보아요!

살던 곳	유럽
살던 때	전기 백악기
식 성	육식성

7.5~10m
1.7~3t

Baryonyx

갈고리 발톱을 가진 물고기 사냥꾼

바자다사우루스
멋진 가시 목도리를 뽐내는 공룡

바자다사우루스의 긴 목에는 길고 뾰족한 가시들이 멋지게 솟아 있습니다. 이 모습은 마치 하늘을 향해 솟은 머리카락처럼 보이기도 해요. 바자다사우루스의 가시는 적에게 강하게 보이거나 짝짓기할 때 자신을 뽐내는 용도로 쓰였을 거예요. 이 공룡은 네 발로 걸어다니면서 긴 목으로 높은 나무의 잎을 먹던 초식 공룡이에요. 아르헨티나의 "바하다"라는 곳에서 발견되어서 "바하다의 도마뱀"이라고도 불려요.

특징을 알아보아요!

살던 곳	남아메리카
살던 때	전기 백악기
식 성	초식성

9m
3~4t

Bajadasaurus
멋진 가시 목도리를 뽐내는 공룡

색칠해 보세요!

스테고사우루스
강력한 골판 갑옷과 뾰족한 꼬리 가시로 무장

 스테고사우루스의 등에는 "골판"이라고 하는 삼각형의 뼈판이 쭉 솟아 있어요. 그 모습이 마치 뾰족한 갑옷을 입고 있는 것처럼 보인답니다. 이 골판은 적들을 위협하거나 체온을 조절하는 데 사용되었다고 해요. 스테고사우루스의 꼬리에는 "골침"이라고 하는 날카로운 가시도 달려 있어요. 위험한 상황에서 꼬리를 휘둘러서 다른 공룡들과 맞서 싸웠답니다.

특징을 알아보아요!

살던 곳	북아메리카, 유럽
살던 때	후기 쥐라기
식성	초식성

7~9m
2~5t

커요

 # Stegosaurus
강력한 골판 갑옷과 뾰족한 꼬리 가시로 무장

색칠해 보세요!

안킬로사우루스
무시무시한 꼬리 곤봉을 가진 탱크 공룡

 안킬로사우루스는 몸 전체가 갑옷처럼 단단한 판과 멋진 가시로 덮여 있어요. 꼬리 끝에는 뼈로 된 묵직한 곤봉이 달려 있어서 쿵! 하고 휘두르면 강력한 무기가 되었답니다. 머리부터 꼬리까지 단단하게 자신을 보호하고 있어서 "공룡 세계의 탱크"라고 불리는 공룡이에요.

특징을 알아보아요!

살던 곳	북아메리카	8~9m
살던 때	후기 백악기	5~6t
식 성	초식성	

커요

 # Ankylosaurus
무시무시한 꼬리 곤봉을 가진 탱크 공룡

색칠해 보세요!

알로사우루스
사납고 무서운 쥐라기 최강 공룡

알로사우루스는 티라노사우루스보다 먼저 지구를 지배했던 무서운 육식 공룡입니다. 단단한 턱과 날카로운 이빨, 튼튼한 뒷다리와 뾰족한 발톱까지 온몸이 강력한 무기였답니다. 알로사우루스는 숲속에 숨어 있다가 다른 공룡들을 사냥했어요. 잘 발달한 꼬리로 중심을 잡으며 두 발로 빠르게 달려오면 아무도 피할 수가 없었을 거예요.

특징을 알아보아요!

살던 곳	북아메리카
살던 때	후기 쥐라기
식 성	육식성

8~12m
2~3t

커요

 # **Allosaurus**
사납고 무서운 쥐라기 최강 공룡

색칠해 보세요!

이구아노돈
엄지 파워! 강력한 엄지발톱을 가진 공룡

 이구아노돈은 새의 부리처럼 생긴 입과 이구아나의 이빨을 가진 공룡입니다. 이름도 "이구아나의 이빨"이란 뜻이랍니다. 이구아노돈의 가장 큰 특징은 강력하고 가시처럼 뾰족한 엄지발톱이에요. 이 발톱은 적들을 공격하는 강력한 무기가 되기도 하고, 먹이를 긁어모으는 도구로 쓰이기도 했어요. 이구아노돈은 두 발로 걷기도 하고, 네 발로 기어다닐 수도 있었는데 주로 나뭇잎을 먹고 살았어요.

특징을 알아보아요!

살던 곳	북아메리카, 유럽
살던 때	전기 쥐라기
식 성	초식성

6~10m
1~3t

Iguanodon
엄지 파워! 강력한 엄지발톱을 가진 공룡

색칠해 보세요!

케찰코아틀루스
거대한 행글라이더 익룡

케찰코아틀루스는 하늘을 날아다니던 아주 커다란 익룡입니다. 날개를 펼치면 길이가 11m나 되는데, 무려 버스 한 대의 길이와 비슷하답니다. 케찰코아틀루스는 길고 얇은 다리로 땅에서도 잘 걸어 다녔어요. 크고 뾰족한 부리를 이용해서 물고기나 작은 동물을 잡아먹었다고 해요. 100kg이 넘는 이 거대한 몸으로 하늘을 날아다녔다니, 정말 놀랍지 않나요?

특징을 알아보아요!

살던 곳	북아메리카
살던 때	후기 백악기
식 성	육식성

몸 7m, 날개폭 10~11m

100~200kg

커
요

Quetzalcoatlus
거대한 행글라이더 익룡

색칠해 보세요!

크리욜로포사우루스

멋진 볏을 뽐내는 남극의 공룡

크리욜로포사우루스는 남극에서 발견된 특별한 공룡입니다. 이 공룡이 살던 시대 남극은 지금처럼 얼음으로 뒤덮인 추운 곳은 아니었어요. 크리욜로포사우루스의 머리 위에는 화려한 색깔의 멋진 "볏"이 있는데 아마 짝을 찾거나 친구들과 대화할 때 사용했을 거예요. 크리욜로포사우루스는 숲속에서 빠르게 달리며 사냥했고 남극의 환경에 적응하며 씩씩하게 살았던 멋진 공룡이랍니다.

특징을 알아보아요!

살던 곳	남극 대륙
살던 때	초기 쥐라기
식 성	육식성

6~8m
500~600kg

커요

Cryolophosaurus
멋진 벗을 뽐내는 남극의 공룡

색칠해 보세요!

테리지노사우루스
거대한 낫 발톱 공룡

테리지노사우루스는 낫처럼 아주 길고 무시무시한 모습의 발톱을 가진 공룡입니다. 앞발톱의 길이는 1m 정도로 커서 이름도 "큰 낫을 든 도마뱀"이라는 뜻이 있어요. 긴 목을 가지고 있고 두 다리로 걸어 다녔는데 몸에는 깃털이 나 있어요. 신비로운 겉모습과 다르게 주로 식물을 먹었답니다. 긴 발톱과 긴 목을 이용해서 높은 나무의 나뭇잎이나 가지를 끌어당겨 먹었다고 해요.

특징을 알아보아요!

살던 곳	아시아(몽골)
살던 때	후기 백악기
식 성	잡식성

8~10m
3~5t

커요

Therizinosaurus
거대한 낫 발톱 공룡

색칠해 보세요!

토로사우루스
멋진 뿔을 자랑하는 황소 얼굴의 공룡

 토로사우루스는 코 위에 작은 뿔 하나, 눈 위에 큰 뿔 두 개, 모두 세 개의 멋진 뿔을 가지고 있습니다. 그리고 머리 뒤에 커다랗고 넓은 뼈판인 "프릴"이 있는 것이 특징입니다. 프릴은 마치 목뒤에 두른 방패 같아요. 트리케라톱스와 비슷하게 생겼지만 토로사우루스의 프릴에는 큰 구멍이 뚫려 있다는 점이 달라요. 이 공룡의 이름이 "뚫린 도마뱀"이란 뜻을 가진 것도 이런 이유예요. 커다란 뿔로 자기를 공격하는 공룡과 싸우고, 프릴을 이용해 자신을 보호했던 용감한 공룡이랍니다.

특징을 알아보아요!

살던 곳	북아메리카
살던 때	후기 백악기
식 성	초식성

7~8m
5~7t

커요

Torosaurus

멋진 뿔을 자랑하는 황소 얼굴의 공룡

색칠해 보세요!

트리케라톱스
하나, 둘, 셋! 세 개의 뿔을 가진 공룡

트리케라톱스는 코 위에 뿔 하나, 눈 위에 뿔 두 개, 그리고 목 뒤에 커다란 프릴을 가지고 있었어요. 이름 역시 "세 개의 뿔 달린 얼굴"이란 뜻이 있답니다. 트리케라톱스는 아주 무겁고 덩치가 컸기 때문에 몸을 지탱하기 위한 튼튼한 다리를 가지고 있었습니다. 하지만 몸집이 커서 빨리 달리기는 어려웠을 거예요. 그래서 큰 뿔과 프릴을 이용해서 자신을 보호했답니다.

특징을 알아보아요!

살던 곳	북아메리카	8~9m
살던 때	후기 백악기	6~12t
식 성	초식성	

Triceratops
하나, 둘, 셋! 세 개의 뿔을 가진 공룡

색칠해 보세요!

마푸사우루스
땅을 지배한 강력한 공룡

아주 커요

마푸사우루스는 남아메리카에서 발견된 아주 거대한 육식 공룡입니다. 그 크기가 얼마나 컸냐면 코끼리 다섯 마리를 나란히 세운 만큼이었답니다. "땅의 도마뱀"이란 이름처럼 다른 공룡을 사냥하며 땅을 지배했어요. 마푸사우루스는 무리를 지어 다니며 큰 발톱과 강한 턱을 이용해 먹이를 잡아먹었던 강력한 공룡이랍니다.

특징을 알아보아요!

살던 곳	남아메리카(아르헨티나)
살던 때	후기 백악기
식 성	육식성

11~13m
5~6t

아주 커요

Mapusaurus
땅을 지배한 강력한 공룡

색칠해 보세요!

모사사우루스
내가 진짜 백악기 바다의 왕

아주 커요

모사사우루스는 후기 백악기 바다에 살던 거대한 해양 파충류입니다. 생김새는 물고기와 도마뱀을 섞어 놓은 것처럼 생겼어요. 몸은 물고기를 닮아 길쭉하고, 네 개의 지느러미와 방향을 잡는 역할을 했던 조그만 지느러미가 꼬리 끝에 달려 있어요. 물속에서 사냥할 때는 입을 크게 벌려 먹이를 한 번에 삼켰고, 날카로운 이빨로는 암모나이트, 물고기나 오징어 등을 잡아먹었답니다.

특징을 알아보아요!

- **살던 곳**: 전 세계 바다
- **살던 때**: 후기 백악기
- **식 성**: 육식성

12~15m
10~15t

아주 커요

Mosasaurus
내가 진짜 백악기 바다의 왕

색칠해 보세요!

브라키오사우루스

긴 목과 긴 팔을 자랑하는 공룡

아주 커요

브라키오사우루스는 기린처럼 긴 목을 가진 공룡입니다. 이 공룡의 목이 얼마나 긴지 먹이를 주기 위해서는 버스 열 대 위에 올라가서 줘야 할 정도였어요. 앞다리도 길어서 "팔 도마뱀"이란 이름이 붙었답니다. 브라키오사우루스는 큰 키를 이용해서 높은 나무의 잎을 먹고 살았어요. 커다란 몸집을 유지하기 위해서 매일 400kg 정도의 풀을 먹었대요. 브라키오사우루스는 무리를 지어 생활했는데 거대한 공룡들이 지나가는 모습을 보면 모두 놀랐을 거예요.

특징을 알아보아요!

살던 곳	북아메리카
살던 때	후기 쥐라기
식 성	초식성

25~28m

23~31t

아주 커요

 # Brachiosaurus
긴 목과 긴 팔을 자랑하는 공룡

색칠해 보세요!

브론토사우루스
천둥처럼 땅을 울리는 커다란 공룡

 브론토사우루스는 덩치가 아주 크고 긴 목을 가진 공룡입니다. 큰 몸집으로 땅을 울리며 걷는 모습을 상상하면 왜 이 공룡의 이름이 "천둥 도마뱀"이란 뜻인지 알 수 있어요. 긴 꼬리를 휘두르며 네 발로 느릿느릿 걸어 다니던 브론토사우루스를 상상해보세요. 이 공룡은 아파토사우루스라는 공룡과 같은 공룡으로 알려졌다가, 과학자들이 서로 다른 공룡이라는 것을 알아내서 다시 이름이 생긴 것으로 유명해요.

특징을 알아보아요!

살던 곳	북아메리카
살던 때	후기 쥐라기
식 성	초식성

23m / 30t

아주 커요

 # Brontosaurus
천둥처럼 땅을 울리는 커다란 공룡

색칠해 보세요!

스피노사우루스
등에 돛단배가 달린 공룡

아주 커요

 스피노사우루스는 등에 지느러미처럼 보이는 큰 돛을 가지고 있어요. 이 돛은 체온을 조절하거나, 다른 공룡들에게 더 크고 무섭게 보일 수 있도록 도와줬대요. 스피노사우루스는 악어처럼 긴 주둥이와 날카로운 이빨을 가지고 물가에서 물고기를 잡아먹었어요. 이 공룡은 두 발로 서기도 하고, 네 발로 걷기도 했어요. 커다란 몸집으로 다른 공룡들을 위협해서 "백악기의 회색곰"이라는 별명이 지어졌답니다.

특징을 알아보아요!

살던 곳	아프리카
살던 때	백악기
식 성	육식성

10~15m
4~5t

| 아주 커요 |

Spinosaurus
등에 돛단배가 달린 공룡

색칠해 보세요!

아르젠티노사우루스
세상에서 가장 큰 육상 공룡

아주 커요

아르젠티노사우루스는 세상에서 가장 큰 육상 공룡 중 하나예요. 길이는 버스 세 대를 한 줄로 세운 것과 비슷하고, 무게는 코끼리 16마리의 무게만큼 무거웠답니다. 긴 목과 꼬리를 가지고 있고, 커다란 몸집을 지탱하며 굵고 긴 네 발로 걸어 다녔습니다. "아르헨티나의 도마뱀"이라는 이름처럼 아르헨티나에서 발견된 공룡이에요.

특징을 알아보아요!

- **살던 곳** 남아메리카
- **살던 때** 후기 백악기
- **식 성** 초식성

30~35m
70t

아주 커요

Argentinosaurus
세상에서 가장 큰 육상 공룡

색칠해 보세요!

알라모사우루스
알라모에서 발견된 거대한 공룡

아주 커요

알라모사우루스라는 이름은 이 공룡의 뼈가 처음 발견된 곳의 이름에서 시작되었어요. 이 공룡은 커다란 몸집에 긴 목과 긴 꼬리를 가지고 있었어요. 그 거대한 모습에 대부분의 육식 공룡들이 함부로 건드리지 못했대요. 알라모사우루스는 브라키오사우루스와 같이 "용각류"에 속하는 공룡이에요. 용각류는 목이 길고, 용처럼 다리가 길고, 네 다리로 걷는 초식 공룡들을 말한답니다.

특징을 알아보아요!

- **살던 곳** 북아메리카
- **살던 때** 후기 백악기
- **식 성** 초식성

30m
30~40t

> 아주 커요

Alamosaurus

알라모에서 발견된 거대한 공룡

색칠해 보세요!

엘라스모사우루스
아주 긴 목을 자랑하는 특별한 바다 친구

아주 커요

 엘라스모사우루스는 아주 긴 목을 가진 해양 파충류예요. 이 생물의 키는 14m 정도인데 그 중 절반이 목 길이랍니다. 목뼈는 72개 정도로 많았다고 해요. 엘라스모사우루스는 물속에서 살면서 유연하고 긴 목을 이용해 다른 해양생물을 잽싸게 낚아채 먹었을 거예요. 작은 몸통에는 네 개의 물갈퀴와 짧은 꼬리가 달려 있었어요. 긴 목을 가지고 바닷속을 헤엄치는 모습이 아주 신비했을 거예요.

특징을 알아보아요!

살던 곳	북아메리카(바다)
살던 때	후기 백악기
식 성	육식성

10~14m

2~4t

아주 커요

 # Elasmosaurus
아주 긴 목을 자랑하는 특별한 바다 친구

색칠해 보세요!

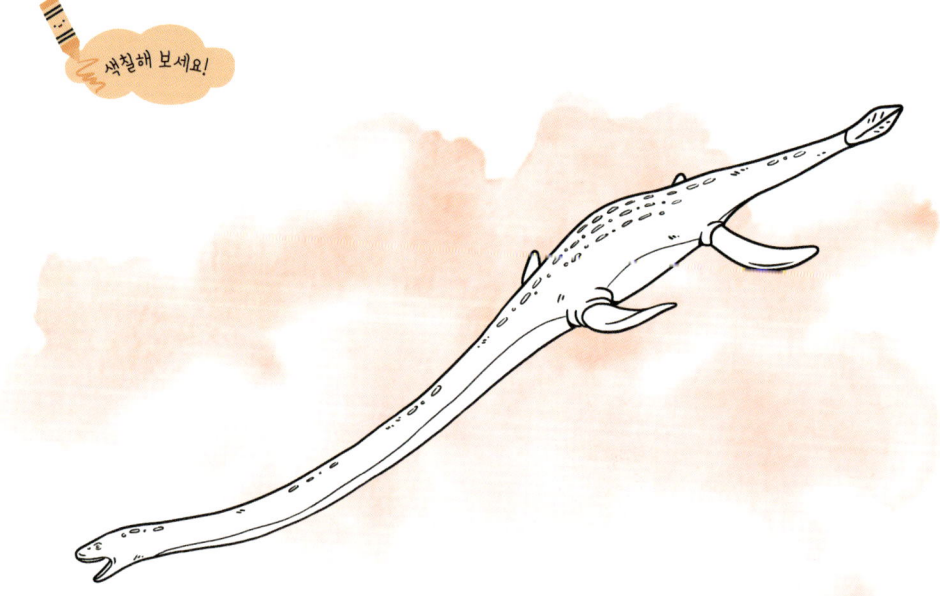

티라노사우루스
무시무시한 공룡의 왕

> 아주 커요

 티라노사우루스는 세상에서 가장 무섭다고 알려진 공룡 중 하나예요. 큰 머리에 강한 턱과 날카로운 이빨을 가졌답니다. 무는 힘은 사자보다 15배나 강하고, 트리케라톱스의 뼈를 부술 정도로 강력했대요. 수많은 공룡의 화석에서 티라노사우루스의 이빨 자국을 확인할 수 있다고 하니 대단하지요? 짧은 팔과 두 개의 손가락, 잘 발달한 튼튼한 뒷다리와 긴 꼬리도 티라노사우루스의 특징이랍니다.

특징을 알아보아요!

살던 곳	북아메리카
살던 때	후기 백악기
식 성	육식성

10~12m
5~7t

아주 커요

Tyrannosaurus
무시무시한 공룡의 왕

색칠해 보세요!

티라노사우루스 렉스
내가 바로 최강 공룡

아주 커요

티라노사우루스의 이름은 "폭군 도마뱀"이라는 뜻을 가지고 있어요. 여기에 "왕중의 왕"이라는 뜻의 "렉스"가 붙어서 티라노사우루스 렉스, 줄여서 티렉스라고 불리고 있어요. 그만큼 공룡들 사이에서도 강력한 존재였다고 해요. 공룡이라고 하면 가장 먼저 생각나고, 무섭긴 해도 어쩐지 자꾸 보고 싶은 매력을 가진 공룡이랍니다.

특징을 알아보아요!

- **살던 곳** 북아메리카
- **살던 때** 후기 백악기
- **식 성** 육식성

10~12m
5~7t

아주 커요

Tyrannosaurus rex
내가 바로 최강 공룡

색칠해 보세요!

틸로사우루스
백악기 바다의 거대 공룡

아주 커요

 틸로사우루스는 백악기 시대 바다에 살던 아주 커다란 해양 파충류예요. 길이는 버스 한 대만큼이나 길고, 무게도 코끼리 두세 마리 무게만큼 무겁답니다. 날렵하게 긴 몸은 거대한 도마뱀처럼 생겼고, 주둥이 앞쪽이 살짝 튀어나와서 "부푼 혹 도마뱀"이란 뜻의 이름을 가지게 되었어요. 틸로사우루스의 뱃속에서 물고기, 상어, 새끼 모사사우루스, 물새 등의 화석이 발견된 것을 보면 다양한 해양생물을 잡아먹고 살았다는 것을 알 수 있어요.

특징을 알아보아요!

살던 곳	북아메리카(바다)
살던 때	후기 백악기
식성	육식성

12~14m
6~7t

아주 커요

Tylosaurus
백악기 바다의 거대 공룡

색칠해 보세요!

TOK TOK BOOK
Series. 3
공룡 컬렉타

내 이름은?
카드놀이

미크로랍토르

가스토니아

누가 누가 잘 맞히나?

가족, 친구들과 함께
이름 맞히기 게임을 해봐요.

COLLECTA

A NATURAL WORLD IN MINIATURE

피카케롭세라톱스

벨로키랍토르

다스플레토사우루스

프테라노돈

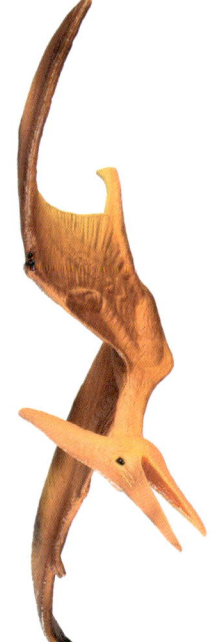

리오플레우로돈

구안롱사오후수

바자다사우루스

가누후나사

안킬로사우루스

스테고사우루스

이구아노돈

용각사우루스

크리올로포사우루스

케찰코아틀루스

триicератопс 수나사우루스

데리지노사우루스

트리케라톱스

마푸사우루스

브라키오사우루스

모사사우루스

스피노사우루스

바로사우루스

수고사우루스

아르젠티노사우루스

티라노사우루스

엘라스모사우루스

툴로사우루스

티라노사우루스 렉스

고마워

사랑해

미안해

좋아해

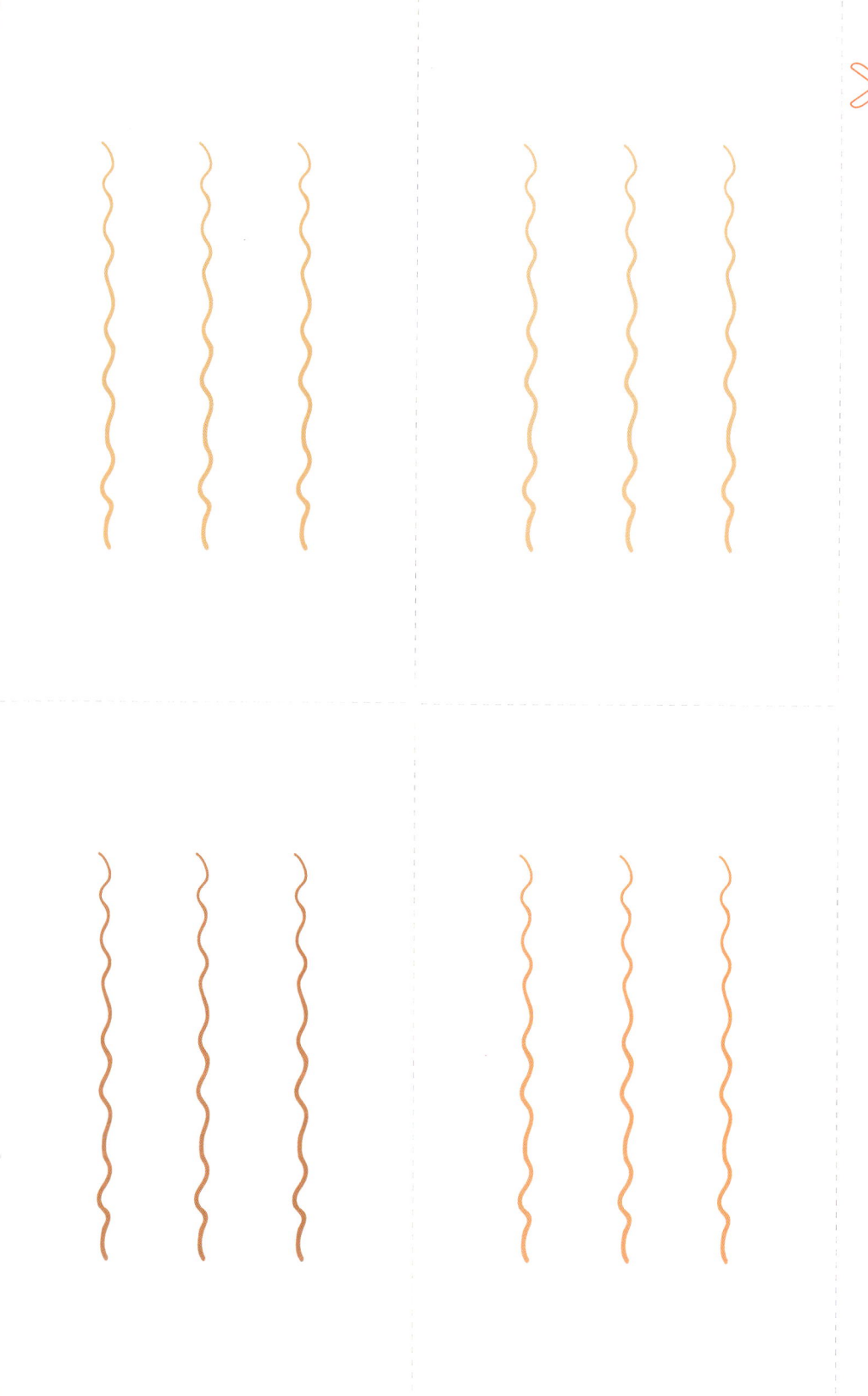